ORÇAMENTO PARA EMPRESA DE PRESTAÇÃO DE SERVIÇOS:

Execução e controle

I0463015

JULIO CEZAR SANGLARD GESSI

Sumário

1 INTRODUÇÃO

Muitas empresas se deparam com questões a solucionar em relação ao gerenciamento do resultado, por isto, têm-se organizado cada vez mais para extrair desta atividade possibilidades de expandir-se; de obter melhores e maiores lucros; agregando valores aos seus produtos; administrando e reduzindo recursos sem perder eficiência. Para ajudar no atingimento dessas metas e objetivos, utilizam-se de inúmeras ferramentas, dentre eles os indicadores de performance econômico-financeira. No Brasil este modelo e conceito de gestão com controles mais rígidos de custos têm sido aplicados muito nas indústrias. Pode-se constatar isto na prática, analisando resultados das empresas S.A.'s, pois possuem seus resultados publicados no Mercado de Capitais e estão sujeitas e obrigadas a praticar a Governança Corporativa, além disso, também pode-se constatar estes fatos nas publicações de revistas especializadas, tais como: EXAME e VALOR ECONÔMICO. As empresas de prestação de serviços, dado a simplicidade e ao porte, em sua grande maioria são empresas pequenas e familiares e em muitos casos não costumam usar o modelo de Orçamento para controlar seu negócio. Talvez pela falta de tempo em pesquisar o assunto, talvez pela escassez deste tipo de literatura. Por isso, o objetivo deste livro é dar uma contribuição efetiva, com uma abordagem qualitativa, mostrando caminhos para construir um orçamento para gerenciar e controlar o seu negócio.

Importante dizer que orçamento não é somente informar quanto e quando cada área da empresa irá gastar, mas sim, pensar desde o início da operação, ou seja, todos os processos necessários para que a empresa possa atingir seus objetivos, sejam eles burocráticos, como por exemplo, a confecção de um pedido; assinatura de documento; ou produtivos: elaboração de um produto; transformação de uma matéria prima em um produto de consumo final ou intermediário ou na prestação de um serviço.

Toda essa questão será abordada de uma forma simples e sistemática, de fácil entendimento e aplicação, apesar de usar conceitos como o Balanced Scorecard[1] e/ou PDCA[2] (Plan,

---

[1] Balanced Scorecard é uma metodologia de medição e gestão de desempenho, muito utilizada nas empresas, principalmente na gestão estratégica dos negócios, desenvolvida pelos professores da Harvard Business School, Kaplan, Robert e Norton, David, em 1992.
[2] PDCA é um ciclo de desenvolvimento que tem como objetivo a melhoria contínua, criado por Shewhart, Walter Andrew, mas divulgado e aplicado por Deming, Wiliam Edwards.

Do, Check, Act, que em português que dizer Planejar, Fazer, Verificar, Agir).

Neste livro poderão ser encontradas todas as questões e aspectos da administração e gerenciamento de em orçamento e poderá servir de base para consulta e aplicação em seu negócio, caso haja interesse. O foco e o objetivo central serão a busca constante em responder ao longo de todo esse processo a seguinte pergunta: É possível aplicar os conceitos de elaboração e controle de orçamento feito em indústrias para empresas de prestação de serviço, de modo prático e eficiente, sem grande consumo de recursos?

Poderá ser visto na sequência deste livro que as informações e os processos para a montagem de um sistema de execução e controle do orçamento montado, com intuito de garantir à organização uma uniformidade e melhoria de resultados serão possíveis de se atingir e de se aplicar na organização como um todo.

Descrevendo e exemplificando a elaboração detalhada e a inter-relação:
- das vendas: como se compõem e como devem ser consideradas de acordo com os objetivos da empresa e os

tipos de serviços a serem realizados em seu mercado de atuação;

- dos investimentos;
- dos recursos disponíveis (pessoas e equipamentos);
- dos custos e despesas de cada área;
- dos prazos e responsáveis.

Assim, será visto às páginas seguintes o resultado desta pesquisa capitaneada pela minha experiência e vivência, mais as teorias e conceitos adquiridos em cursos de graduação e extensão universitária, além de vários cursos de atualização. Estes resultados são apresentados com exemplos e conceitos de gestão que poderão ser utilizados por todas as empresas interessadas em aplicar um gerenciamento de custos, implantar ou ainda melhorar o seu sistema e plano de negócios.

2 COMENÇANDO A PLANEJAR

Antes de começar a fazer o orçamento, é necessário fazer um pequeno planejamento, informando à organização o que será feito, por quem será feito, quem terá o controle para que os prazos sejam cumpridos e quem reportará a organização o andamento e a situação dos trabalhos.

Dentro deste planejamento, o cronograma de execução é um ponto chave, nele deverá ser enumerada, uma a uma, cada atividade necessária para a execução completa do processo, em uma sequência lógica para ficar mais fácil seu acompanhamento e entendimento por parte de todos; quem será o responsável por executar cada uma destas atividades - sempre um único nome e setor como responsável - pois caso contrário, um deixará para o outro e a atividade acabará não sendo feita; e o prazo final para entrega da atividade ao próximo setor. As atividades devem ser escritas com o verbo no infinitivo, na ação do verbo. Exemplo: analisar, planejar, informar, fazer, levantar, checar, etc.

O orçamento para ser efetivo deverá sempre envolver toda a organização, de maneira simples, mas clara e objetiva. A área que geralmente tem a atribuição de elaborar o cronograma e apresentar a todos os gestores da empresa é a Controladoria.

Porém, quem faz o orçamento não é a Controladoria, mas sim cada pessoa de cada área, conforme sua função e responsabilidade dentro da empresa. Talvez seja desnecessário dizer: não adianta nada querer fazer um orçamento com início para janeiro, definindo regras e cronograma entre o Natal e o Ano Novo. Naturalmente, este estará fadado ao fracasso. Também não queira começar em julho, pois as informações estarão muito distantes. Pense de trás para frente. Qual a melhor data para que tudo esteja pronto? Por exemplo, 15 de dezembro. Então, estabeleça esta data final e a partir daí elabore o cronograma pensando em todas as atividades necessárias e o tempo adequado para sua execução, uma por uma, até chegar ao início dos trabalhos, deixando pequenas margens para correção.

Neste início de atividades, algumas regras básicas de como irá funcionar o orçamento é essencial informar.

Ou seja, não é simplesmente colocar um número em uma folha de papel, ou mais "modernamente" colocar um número em uma planilha eletrônica, mas sim informar objetivamente quais **ações** serão necessárias para a realização do orçamento. Para melhor entendimento: deverão ser registradas todas as ações necessárias para se chegar ao resultado proposto no orçamento. Principalmente se for um adicional, seja de vendas, seja de redução de custos. O objetivo é que o responsável pela ação defina **como** ele conseguirá atingir o objetivo proposto.

Por exemplo, o setor das vendas poderá informar que em janeiro terá uma previsibilidade de prestação de serviços do tipo "Z" e do tipo "Y" (ou quantos existirem e puderem ser feitos) a um preço unitário de "x" e "n", respectivamente (estes preços podem e devem ser estabelecidos no início dos trabalhos do orçamento, porém, ao término dos trabalhos, ao se obter o resultado final, este valor básico poderá ser alterado, dependendo da situação). Para estabelecer esta previsão da quantidade de prestação de serviço e o seu preço, a área de vendas registrará como, de que forma, poderá atingir este objetivo ou qual(is) ação(ões) será(ão) necessária(s) para que este valor seja possível de ser alcançado. Uma ação poderá estar assim descrita: realizar ou concretizar negócios através da força da equipe de vendas. Outra ação: visitar (um certo número de) novos clientes.

Resumindo, a ações "realizar ou concretizar negócios através da força da equipe de vendas"; e "visitar (um certo número de) novos clientes" serão **as ações** da área de vendas que deverão ficar registradas para que depois, quando do controle do orçamento, possa ser avaliado e verificado se isto foi suficiente ou não. Mais que isto, a área utilizará e saberá qual a ação que foi planejada e a que tempo, para que possa monitorar e verificar sua eficácia, podendo, se necessário for, incrementar ou repetir a ação em outra oportunidade.

Se for do interesse da empresa, cada uma destas ações terá um símbolo do PDCA (planejar, fazer, verificar, agir), cujos símbolos são conhecidos pelas figuras mostradas abaixo [3]. O controle é feito pela marcação no PDCA, a cada etapa de execução da atividade, ou seja, a medida que cada etapa for sendo cumprida, vai-se pintando o quadrante do símbolo, até que tudo esteja completamente pintado e o padrão estabelecido.

3

Todos devem trabalhar em função dos mesmos objetivos e critérios. O dono, a presidência ou a diretoria incumbida de administrar a empresa deverá definir os pontos para que toda a empresa trabalhe na mesma direção.

Parâmetros gerais deverão ser definidos, os quais nortearão a execução dos trabalhos, tais como: espera-se um crescimento das vendas da ordem de 5%, já descontado o aumento de inflacionário dos preços, ou seja, crescimento real; que o patamar dos custos deverá ficar estável, pois não haverá aumentos no quadro de pessoal, a não ser nos casos específicos de aumento nos negócios com a prestação de novos serviços; os aumentos de custos ou índices inflacionários serão considerados em sintonia com os preços; volume de horas extras que será considerado até o limite de x%; aumentos reais de salários poderão ser planejados, desde que em sintonia com a política geral da empresa. Mesmo que depois, na prática, esses casos sejam discutidos e formalizados de uma maneira mais abrangente entre os dirigentes da empresa.

Faz parte do planejamento saber sobre o organograma da empresa para poder definir claramente todos os setores que deverão ser consultados. Esta estrutura, se não formal, com certeza existe na informalidade, então se for assim, aproveitar a oportunidade do orçamento para definir, atribuindo a estas áreas uma função econômica, de resultado, por isto se usa o termo Centro de Custo. Não necessariamente cada área constante no organograma será um centro de custo, mas o mais comum é que seja. Pois cada área tem um responsável definido, que para exercer suas atividades, necessita de recursos – pessoas, equipamentos, e/ou serviços ou produtos comprados de terceiros – que por sua vez, necessitarão ser remunerados ou pagos, por este motivo todos os valores são agrupados em um lugar chamado Centro de Custo. Dependendo do tamanho ou da sofisticação que se queira fazer, pode-se subdividir estes centros de custos em administrativos, financeiros, produtivos, auxiliares e gerais.

Os setores ou centros de custos administrativos são aqueles que executam processos suporte, de apoio aos setores produtivos, a alta direção da empresa é também um setor administrativo. Geralmente são os departamentos chamados de "burocráticos", pois costumam cuidar de processos que envolvem documentação, relatórios, cobranças, é o caso das áreas de Recursos Humanos, Controladoria, entre outros.

Os financeiros são os exclusivamente utilizados para coletar os custos com transações bancárias, tais como, juros, despesas bancárias, impostos sobre operações financeiras, variações cambiais. Os produtivos, como o próprio nome diz, são os centros cujos processos agregam valor à empresa, são eles que transformam a matéria prima em produtos acabados ou semiacabados, em se tratando de uma indústria ou no nosso caso são as áreas (ou processos) que executam o serviço que será prestado.

Os auxiliares são os que executam atividades para os demais setores. O exemplo clássico é a manutenção, pois é uma área que pela sua natureza, só existe para prestar serviço para as demais áreas da empresa.

Os gerais são centros que servem para coletar custos que depois serão apropriados em outros centros de custos, baseados em uma atividade ou critério de rateio. Um exemplo seria o refeitório. O centro de custo refeitório aglutinaria todos os gastos necessários para a elaboração das refeições, tanto recursos gastos com compra da comida, seja pronta ou in natura, se for feita pela própria empresa, mais os recursos humanos necessários para fazer e servir esta comida. No final do mês, com base nas pessoas que utilizaram este serviço, o centro de custo refeitório transferiria seus custos para as áreas onde as pessoas estariam alocadas. Por exemplo, o refeitório gastou em determinado mês R$ 10.000,00 (dez mil reais) e serviu 1000 (um mil) refeições, isto quer dizer que o custo por refeição foi de R$ 1,00 (um real). As mil refeições servidas pertencem aos setores "A" com 300; "B" com 250 e o "C" com 450, portanto, para o setor "A" são transferidos R$ 300,00 (trezentos reais), para o "B" R$ 250,00 (duzentos e cinquenta reais) e o "C" R$ 450,00 (quatrocentos reais). Assim o centro de custo refeitório ficará com custo ZERO. Não se usa alocar custo de refeições para o próprio setor refeitório, mesmo que o setor consuma refeições, para não se criar um *looping*, isto é, o não zeramento deste centro de custo ou sobrecarga desnecessária no sistema de informática da empresa.

Outros conceitos também merecem atenção e como parte do planejamento pode-se considera-los, dependendo do entendimento da organização ou da sua cultura quanto ao controle de custos e gestão dos seus processos.

Regime de competência[4] : não é comum em empresas pequenas, principalmente, mas o princípio da competência deveria ser observado não só nos lançamentos contábeis, mas na execução do orçamento e consequentemente na análise de resultado. Não que o sistema caixa não seja relevante ou não deva ser analisado. Mas, para a análise de resultado, com visão de longo prazo, agregação de valor, é essencial que o princípio da competência seja respeitado. Para explicar rapidamente, é a apropriação do gasto quando ele ocorre ou ocorreu e não quando ele foi ou será pago. Exemplo: o gasto com telefone de julho foi pago em agosto, isto quer dizer que a competência é julho, quando a despesa aconteceu e deve fazer parte do resultado da empresa do mês de julho.

Sistema de custos: muitas empresas, principalmente as industriais, devido ao grande volume de dinheiro aplicado na produção, trabalham com custos gerenciais, custos variáveis ou diretos. Fazem isto porque necessitam maiores detalhes que o custo por absorção não proporciona, apesar de este ser um dos únicos permitidos pela legislação no Brasil. O custo

---

[4] Regime de Competência é um princípio contábil que estabelece que os efeitos das transações e outros eventos contábeis são reconhecidos quando ocorrem, independentemente de pagamento ou recebimento.

padrão ou standard também é admitido pela legislação brasileira desde que todos os gastos tenham sido apropriados aos estoques. O custo padrão é um sistema muito bom e pode ser aplicado nas empresas do terceiro setor, porém seu grande mérito é o controle do processo produtivo via variações de custos, com controle das matérias primas, mão de obra direta e demais custos. Como nossa abordagem aqui é um orçamento para empresa do terceiro setor, portanto, não há a figura do Estoque de Produtos Acabados, onde se processam as maiores questões do custo standard (além é claro de facilitar a execução e a análise dos resultados), faremos todo o orçamento tendo como base o custo por absorção.

Em complemento a este aspecto de custo, outras definições são importantes para serem divulgadas e comentadas, as quais, segundo Perez (2001), podem ser:

2.1 Gastos

"São os dispêndios de forma geral de bens e serviços. Poderão ser classificados em custos, despesas, perdas e desperdícios. "

2.2 Custos

"São os bens e serviços consumidos na produção ou na elaboração de um produto." Mesmo nas empresas de prestação de serviços, os custos estão presentes. São os valores consumidos nas atividades que proporcionarão a execução do serviço que a empresa está oferecendo. Custos dos Produtos Vendidos, chamados de CPV, são demonstrados no DRE (Demonstrativo de Resultado do Exercício) logo abaixo das receitas e quando diminuídos destas, obtém-se a Margem Bruta ou Lucro Bruto. Os Custos dos Serviços Prestados, chamados de CSP, da mesma forma que no CPV, também estão no DRE e logo abaixo das receitas.

2.3 Despesas

"Gastos consumidos no processo de geração de receitas e na manutenção dos negócios da empresa", em processos suporte da estrutura organizacional da empresa, tais como

Controladoria, Diretoria. As despesas que constam no DRE são as despesas administrativas, comerciais e financeiras. E conforme legislação (6404/76) ou Lei das SAs deve ser apropriada diretamente a resultado, diferentemente dos custos que transitam pelos estoques (no caso de indústrias).

2.4 Perdas

"Gastos anormais ou involuntários que não geram um novo bem ou serviço." Estão compreendidos: problemas com greves, enchentes, inundações, sinistros, etc.

2.5 Desperdícios

"Gastos incorridos nos processos produtivos ou de geração de receitas e que possam ser eliminados sem prejuízo da qualidade ou quantidade dos bens, serviços ou receitas geradas. Retrabalhos, relatórios financeiros, administrativos e contábeis sem qualquer necessidade, hierarquia complexa e extensa, tarefas e ou atividades duplicadas."

3 PREPARAÇÃO DAS PLANILHAS

Com base no cronograma, a Controladoria enviará para cada área da empresa uma planilha para ser preenchida com a previsão de gastos desta respectiva área durante o período do orçamento, mês-a-mês. Para o caso de também se querer fazer um plano de longo prazo, acrescenta-se mais colunas à direita da planilha, porém, para colocar os dados anualizados e não mais mensais. Esta planilha, para facilitar a consolidação, será igual para todas as áreas e devidamente travada, para que as áreas não queiram alterar o seu formato, pois caso contrário dificultará e gerará retrabalho para área de Controladoria fazer a consolidação dos dados. Esta planilha será preliminarmente preenchida com algumas fórmulas e dados para facilitar a execução do orçamento. No anexo 1 (pág. 59) está apresentado um exemplo da planilha que poderá ser utilizada na sua empresa. Observar que os campos que estão formatados com uma cor mais escura são os campos que a área não precisará preencher, pois são fórmulas matemáticas, caso de provisões de férias, 13º salário, ou recolhimento de encargos trabalhistas, como a Previdência Social e FGTS, ou mais de domínio contábil, como a depreciação, apesar, de que isto não tira a responsabilidade sobre o Ativo Fixo (que gera a depreciação) do gestor da área. É claro que cada empresa tem suas particularidades e características, portanto, pequenos ajustes e adaptações podem e devem ser feitos, mas em termos gerais é esta a base para que cada área inicie seu trabalho.

As espécies ou classes de custos ou contas contábeis deverão ser colocadas logo à esquerda da planilha, na primeira ou segunda coluna da planilha, de acordo com o plano de contas da empresa e tantas mais informações que se julgar necessário, dependendo do que a empresa estiver interessada em verificar ou medir. Pode-se usar, como apresentado no anexo 1, uma coluna para se fazer um agrupamento, pois será muito utilizado para se fazer demonstrativos e comparativos quando do processo de discussão com a alta direção da empresa.

Outras informações relevantes também podem ser extraídas de cada área, por exemplo, pode ser que a organização esteja interessada em saber qual o valor e/ou o tempo que se gastará com o processo de compra ou com o processo de contas a pagar ou ainda na execução de um orçamento de um novo serviço. Quando queremos detalhar ou associar valores e tempos de execução de atividades exercidas por um ou mais setores, estamos adentrando em um novo conceito, o ABC *costing* [5], que significa o controle e o gerenciamento de custos por processo ou por atividade. Segundo Bornia (2010), este conceito é feito através do "mapeamento das atividades; distribuição dos custos às atividades; distribuição dos custos das atividades indiretas até as diretas; distribuição dos custos dos produtos." Este tipo de controle de custos é mais eficaz se feito por atividade ou processo e não simplesmente por centro de custo, tanto nos setores administrativos como nos produtivos, e através deste detalhamento é possível ter maiores ganhos por poder gerenciá-la de forma mais adequada obtendo melhores resultados, concentrando esforços nos processos, reduzindo seu tempo de execução, economizando recursos.

Segundo Perez (2001), existem outros métodos de custeio além do custo padrão e por absorção, já citados anteriormente, que é o custeio por atividade (que é o tempo gasto na execução do produto ou serviço que está sendo produzido). Dois deles da escola alemã são utilizados nas indústrias aqui no Brasil. O mais comum, simples e eficiente

---

[5] ABC Costing é uma metodologia de custos baseada em atividades consumidas, desenvolvidos nos anos 80 nos Estados Unidos, por Kaplan, Robert e Coopers, Robin na Universidade de Harvard.

é o RKW (em alemão = Reichskuratorium für Wirtschaftlichkeit), o outro um pouco mais sofisticado mais igualmente eficaz é o SKR (em alemão = standardkostenrechnung). O SAP (programa de ERP – Enterprice Resouce Planing, que significa sistema integrado de gestão empresarial, onde todos os processos da empresa estão interligados) é um sistema mundialmente famoso que traz o conceito de custo por atividade. Também existe um sistema brasileiro de ERP bastante conhecido e difundido que trabalha com este conceito de custo por atividade, que é um sistema pertencente à empresa TOTVS. De modo geral, as indústrias controlam seus custos produtivos de forma muito mais detalhada, dado aos valores envolvidos. Porém nos custos indiretos fixos (áreas administrativas) é mais fácil controlar em função dos centros de custos e classes de custo, pois 'por atividade' é necessária atualização constante, gerando muito trabalho para mantê-los funcionais. Mas, como iremos fazer um orçamento, aproveitaremos a oportunidade para incluir na planilha informações que os setores irão fornecer para que a organização conheça os custos por processos, tanto da parte produtiva, quanto da administrativa.

Para exemplificar a utilização do custo controlado com base em atividades, imaginemos que a empresa ofereça dois tipos de serviços e estes serviços são executados por três áreas distintas. A área "a" faz uma parte do trabalho e para este trabalho gasta R$ 100,00 (Cem reais) por mês e dispõe de 1000 minutos para executar suas atividades – estes minutos são dados pelo número de pessoas que executam as atividades multiplicados pelo total de minutos disponíveis para trabalhar no mês –, portanto, seu custo unitário será de R$ 100/1000 = R$ 0,10 por minuto. O centro de custo ou área "b" tem um custo de R$ 200 e sua força de trabalho é de 800 minutos, portanto, custo unitário de R$ 0,25 por minuto. A área "c" tem um custo de R$ 150 para 1000 minutos, com custo unitário de R$ 0,15.

Uma vez obtido o custo unitário de um Centro de Custo, tudo que será executado por este Centro de Custo custará ou absorverá este custo minuto unitário multiplicado pelos minutos dispendido para a elaboração dos produtos ou serviço. Então continuando com o exemplo, o serviço "1" necessita para sua execução de 600 minutos da área "a" e 800 minutos da área "b". Com isto teremos um custo para este serviço de 600 minutos x 0,10 = R$ 60,00 + 800 minutos x 0,15 = R$ 120,00. Custo total do serviço "1" = R$ 180,00. Para o serviço "2", teremos 400 minutos x 0,10 = R$ 40,00 da área "a", 800 minutos da área "b" x R$ 0,25 = R$ 200,00 e 200 minutos x R$ 0,15 = R$ 30,00 da área "c", que perfaz um total de R$ 270,00 para o produto "2".

A soma total dos valores gastos nos centros de custos devem ser iguais ao custo total dos produtos, desde que o total das atividades (ou minutos) tenham sido aplicadas aos serviços. No nosso exemplo, teremos um valor de R$ 100,00 + R$ 200,00 + R$ 150,00 = R$ 450,00 para os centros de custo e R$ 180,00 + R$ 270,00 = R$ 450,00 para os serviços, pois foram consumidos todos os minutos ou atividades para execução dos mesmos. É importante notar que o valor total dos centros de custos foram 100% absorvidos pelos produtos. Os sistemas de gestão falados anteriormente (SAP e TOTVS) fazem todos estes cálculos automaticamente e já calculam e verificam se tudo foi absorvido pelas Ordens de Serviços ou Ordens de Produção, mas podem ser facilmente feitos e aplicados por uma pequena empresa via planilha Excel.

Portanto, além de valores monetários, a planilha que a Controladoria irá enviar para os setores, pedirá dados de tempo dos processos/atividades, no intuito de demonstrar de modo claro e direto os melhores caminhos para obtenção de um resultado mais consistente e de maior lucratividade. O exemplo acima indicado tanto pode ser usado para um processo do setor produtivo como por um setor administrativo, pois o raciocínio é o mesmo, basta para isto verificar a quantidade de pessoas que executam determinada atividade e o tempo gasto para executar estas atividades, mesmo que em percentual, ou seja, se existem 10 pessoas e cada uma delas trabalha 160 horas mês, se terá 1.600 horas mês para a execução das atividades.

No anexo 1, logo abaixo do quadro resumo por grupo de classe de custo – que será falado mais adiante –, foram acrescentados os quadros para informação de tempo e valores monetários para calcular os custos horas das atividades. Para obtenção dos valores em Reais de cada processo tem-se que pensar da mesma forma que nos minutos, porém para cada uma das classes de custo ou pelo menos as mais significativas. Um exemplo rápido, o total de custo da área foi de R$ 1.000,00, sendo 80% salários + encargos sociais e 20% de Serviços Prestados por terceiros – manutenção. E este centro de custo executa duas atividades. Se houver proporcionalidade, faz-se via percentual, caso contrário, tem-se que separar os salários + encargos de cada funcionário e atrelá-los a cada processo. O mesmo deve ser feito com os Serviços Prestados por

Terceiros e depois soma-se tudo para obtenção o valor total por processo.

O outro quadro informado no anexo 1 é o quadro que fará o agrupamento. Só terá fórmulas e servirá no final dos trabalhos do orçamento, para uma análise matricial, que ajudará a organização conhecer e/ou canalizar esforços para melhoria ou redução.

4 EXECUÇÃO DO ORÇAMENTO

Todos, principalmente os gestores da empresa, devem ter a consciência que fazer por fazer não levará a nada. Todos devem somar esforços para atingir o objetivo maior da organização, que é a sua continuidade, agregando valor para todos os que participam dela, principalmente para os acionistas, pois estes são os investidores da empresa e necessitam ser remunerados.

Portanto, pense, planeje, reserve um tempo e faça seu orçamento com calma. Não é só preencher a planilha de qualquer jeito. Pense como você conseguirá atingir os valores que está preenchendo. O que terá que fazer para que o resultado seja alcançado, seja na execução das atividades de sua área, seja no incentivo que terá que dar ou fazer para um funcionário ou prestador de serviço, ou no caso inverso, como conseguirá executar mais atividades com os mesmos recursos, como obterá melhores resultados na condução dos processos nos quais é o responsável. Escreva as ações que você terá que fazer para obter aqueles resultados, pois isto o ajudará e também a organização da empresa para poder fazer um bom controle e ajustes, caso necessário.

Todas as áreas da empresa receberão as planilhas, conforme o cronograma estabelecido, para fazer seu respectivo orçamento. Porém, seria importante fazer a previsão das vendas antecipadamente, ou seja, antes dos demais setores começarem a fazer o seu orçamento, pois esta informação é essencial para o planejamento de outras áreas, principalmente a responsável pela execução dos serviços que serão executados, mesmo a empresa tendo divulgados as premissas e principais objetivos. Isto, inclusive, fará com que a área de Vendas faça o planejamento das vendas em bases sólidas, que tenham respaldo no mercado, nos clientes, nas ações que serão desenvolvidas para atingir o objetivo definido nas premissas. Assim, o setor de Vendas será o primeiro setor a fazer seu plano de vendas e logo a seguir o orçamento de sua área.

4.1 Vendas

É o ponto de partida para o planejamento.

É necessário ter o firme propósito de fazer um trabalho bom e bem feito, então o gestor, junto com sua equipe, alinhado às diretrizes da empresa, buscará definir de forma apropriada os melhores caminhos e os valores que realmente representem o melhor para a empresa.

A área de Vendas geralmente está ligada à Diretoria Executiva ou à Presidência da empresa, dada sua importância para a sobrevivência ou continuidade da empresa, por isto seu planejamento deve ser bem feito.

4.1.1 Planejando as Vendas

O exemplo contido no anexo 2 demonstra de uma forma simplificada como pode ser feito um planejamento de vendas. Desta forma, é necessário pensar nos clientes, nos serviços, nas quantidades, preço, política de aumento, sazonalidade, e o reflexo que isto terá na organização, nos investimentos, nas melhorias dos serviços prestados, quais novos serviços poderão ser prestados.

São amplas as dimensões e é muito importante ter uma ideia disto tudo. Muitas empresas fazem isto usando a matriz SWOT [6] do inglês **S**trengths (Forças), **W**eaknesses (Fraquezas), **O**pportunities (Oportunidades) e **T**hreats (Ameaças). Que é planejar uma estratégia de vendas, conseguir visualizar onde se encontra e aonde se quer chegar, onde estão seus concorrentes. O que você, enquanto empresa e prestador de serviço, tem de melhor e o que tem de pior. O que o seu cliente espera de você. Entendo que é difícil uma empresa sobreviver sem ter um planejamento e uma estratégia. Por outro lado, não significa que em se fazendo o planejamento e a estratégia, tudo estará resolvido e a empresa crescerá indefinidamente, mesmo porque o mercado é dinâmico, há alterações a todo instante, além de diversos outros fatores, internos e externos, que podem contribuir ou pressionar a empresa em uma direção contrária aos seus objetivos. Os dirigentes têm que estar atentos a tudo isso. Não obstante, estas técnicas e conceitos contribuem muito para incrementar, antecipar ações, principalmente

---

[6] A Matriz SWOT ou Análise SWOT é muito utilizada para o planejamento estratégico de uma empresa, pois estabelece cenários de determinado ambiente ou situação. Esta técnica é creditada a Humphrey, Albert, mas é aceita a tese de que foi criada por dois professores da Harvard Business School: Andrews, Kenneth e Christensen, Roland. Além disto, tem-se notícias de sua utilização por Tzu, Sun em 500 a.C. (famoso escritor de "A Arte da Guerra").

frente aos concorrentes, perceber melhor o que o cliente deseja e se antecipar a isto.

Aplicando ou não estes conceitos, preencher a planilha com a quantidade de serviços que será prestado, sejam em horas, projetos, metros, quilômetros, unidades, enfim o que a empresa faz, associado ao seu objeto social; mais os valores unitários, de acordo com a sua política de preços e os aumentos que serão praticados ao longo do planejamento. Não se esquecendo de escrever as ações necessárias para atingir os valores propostos, conforme o exemplo mostrado no anexo 2.

Não é demais lembrar que o setor de vendas não está sozinho na empresa. Apesar de ele ser o responsável pelas vendas e dele será cobrado isto com muita propriedade, o setor de vendas tem que estar atento as possibilidades e restrições internas e de outros setores, para poder fazer um bom planejamento, principalmente que seja exequível.

Além disto, deixar todas as ações registradas, conforme indicado no anexo 2. E se for colocar alguma ação onde outra área seja a responsável, não se esquecer de consultar este responsável antes, verificar com ele se é possível e só depois registrá-la ou considerá-la.

Uma vez concluído o planejamento das vendas, enviar a planilha para a Controladoria e dar sequência ao seu próprio orçamento.

4.1.2 Orçamento da Área

É muito simples fazer o orçamento. Além da planilha (anexo 1), a área também receberá uma relação com os funcionários alocados, contendo o salário de cada um, para que o planejamento tenha seu feito facilitado. Irá depender de cada empresa a consideração quanto aos aumentos salarias, sejam eles por imposição do dissídio coletivo, ou aumento real de salário. Todas estas questões de aumentos salariais, seus percentuais, consideração de horas extras, já definidas pela diretoria da empresa, será informada pela Controladoria quando da distribuição das planilhas. Portanto, o gestor da área de Vendas, o fará conforme definição.

A relação com os funcionários da área pode até ser redundante, mas na prática acaba sendo um instrumento muito útil, pois a relação trará não só os salários, mas também cargo, data de admissão do funcionário, horário de trabalho, período aquisitivo de férias, último aumento recebido pelo funcionário, etc.. Isto tudo dará ao gestor uma boa medida e tornarão mais evidentes situações que devem ser ajustadas, salários que eventualmente deverão ou poderão ser corrigidos, funções incoerentes com a realidade. Muitas vezes o gestor não tem em sua agenda do dia-a-dia todas estas questões e a relação enviada junto com a planilha o ajuda muito, para estabelecer este planejamento.

Para os demais gastos, a área os planejará de acordo com suas atividades e necessidade de recursos. Isto é, os valores que serão gastos com propaganda, promoções e/ou brindes; treinamento de pessoal; viagens e hospedagem; despesas com representação; serviços externos (de terceiros); etc. Geralmente a base é o que se gastou no ano anterior ou no ano em curso, mas o gestor deve ficar atento as demandas e necessidades do ano que se está planejando. Isto não quer dizer que deva colocar mais 5 ou 10% de "gordura", pois assim não será "tão cobrado".

Também serão preenchidos os campos relativos ao(s) processo(s) da área. Para preencher esta planilha serão necessários duas informações básicas, o valor monetário e as horas.

O valor monetário será extraído da planilha básica do planejamento em execução. Se as atividades exercidas pelo centro de custo em questão são uniformes, então pode-se usar um percentual geral sobre o total gasto, no entanto, se as atividades necessitam de recursos muito diferentes, então é melhor trabalhar com os valores por classe de custo, assim o valor total da atividade será mais condizente.

Para as horas necessárias (ou outro indicador que possa ser usado) para a execução de cada processo, é necessário o fazer em função do número de pessoas envolvidas e de acordo com as horas de trabalho base de cada uma delas. Hipoteticamente, se existem três funcionários no setor, um cuida do processo de propaganda e promoção e os outros dois com o processo de suporte a vendas, se o horário de trabalho é o mesmo para todos eles e gira em trono de 170 horas mês, isto quer dizer que o processo de propaganda e promoção terá a base de 170 horas e o outro processo, 340 horas mês.

Com a divisão do valor monetário total de cada processo pelas horas necessárias para sua execução, será obtido o custo hora de cada processo.

Caso existam outros Centros de Custo ou outras áreas que tenham este mesmo processo, a Controladoria, quando fizer a consolidação dos dados, poderá usar todas estas informações como parâmetro para distribuição de custos e para saber o custo de processos, pois algumas vezes os processos passam por várias áreas e não se tem a valoração total do processo.

Uma vez o trabalho concluído, enviar a planilha para a Controladoria.

4.2   Operacionais

O princípio para planejar uma área é igual à outra, apesar das atividades e ou processos serem diferentes. As áreas operacionais, dentro do conceito de agregação de valor de uma empresa, são as principais representantes. As áreas operacionais, como são responsáveis pelos processos de execução do produto ou pela prestação do serviço, são as que agregam valor a empresa. As demais áreas participam dos processos de apoio ou processos suporte na cadeia de agregação de valor da empresa. Como esta área é responsável pela execução ou prestação do serviço, é uma área atribuída ao custo e não despesa, ou seja, os seus gastos estarão representados na DRE (Demonstração de Resultado do Exercício) pelo tópico Custo de Serviços Prestados.

Da mesma forma que para a área de vendas, a área operacional receberá a planilha e relação de pessoal para fazer seu plano. Porém, como é a área responsável pela execução do que a empresa irá prestar de serviço, terá que receber o plano de vendas para que possa fazer um planejamento adequado, inclusive planejando investimentos, caso necessário.

Com base nas informações e planilha recebidas, fará a área o seu planejamento. Caso a área operacional seja relativamente grande ou caso as atividades específicas para a prestação do serviço sejam diferentes, é essencial que o Plano seja feito separadamente, um para cada centro de custo, pois desta forma se terá custos por hora específicos. Se for feito tudo junto, teremos um custo médio, o que pode não traduzir a realidade em termos de conhecer corretamente a contribuição marginal dos produtos/serviços.

Também será necessário preencher o custo e a base de horas para se estabelecer os valores por processo, como já informado no início deste livro (item 2 – Começando a Planejar) e no tópico acima.

4.2.1 Investimentos

A execução de um planejamento não é uma atividade isolada da empresa. Ou seja, os negócios da empresa continuam a ser feitos, serviços continuam sendo prestados, melhorias sendo implantadas. Isto quer dizer que as atividades ou serviços que serão inseridos no planejamento, já faz parte da empresa. Investimentos que não chegaram, mas já foram pedidos, deverão fazer parte do planejamento, sem dúvida nenhuma. Se houver necessidade de novos investimentos, os mesmos deverão ser incluídos e devidamente informados, para que sejam considerados e avaliados.

Os investimentos necessários serão estabelecidos em relação aos serviços que serão executados para o período do planejamento, seja mensal, seja anual. A área operacional, baseado na necessidade das vendas, verificará em relação ao processo de execução da prestação de serviço, a necessidade de investimento.

O termo investimento pode ser tratado diferentemente por cada empresa. Muitas definem como treinamento de pessoal, sendo um investimento, ou a contratação de pessoa ou ainda um gasto para um recurso qualquer. Porém, para este trabalho investimento é todo e qualquer bem que a empresa necessita adquirir que dure mais de um ano, cujo valor seja maior que R$ 321,61. Caso haja maior interesse em verificar e consultar legislação específica sobre o tema de Ativo Fixo ou Ativo Imobilizado, consultar a Lei 6.404/76 e a Lei 11.638/07, mais conhecidas como Leis das SAs, CPC (Comitê dos Pronunciamentos Contábeis) n° 27.

Geralmente a necessidade de investimento é mais intensa nos centros de custos operacionais, mas isto não quer dizer que outros não necessitem. Às vezes pode-se ter um alto investimento em *software* de gestão – um ERP, por exemplo

– ou um mais específico, de RH (Recursos Humanos) e o planejamento destes investimentos terão que ser feitos pela respectiva área responsável pela aquisição e respectiva justificativa, geralmente acompanhada por indicadores de retorno de investimento, tais como o TIR (Taxa de Retorno de Investimento) ou *Payback*.

4.3 Administrativos

Geralmente composto de vários Centros de Custos, ou vários processos dentro de um mesmo Centro de Custo. Tudo dependerá da estrutura organizacional da empresa ou de como ela gostaria de enxergar suas despesas ou processos. Pode-se ter, por exemplo, um Centro de Custo para a Contabilidade, outro para o Contas a Pagar, outro para o Contas a Receber, ou ainda, outro para Administração Geral. Mas, em uma empresa pequena, pode-se ter tudo isto em um mesmo Centro de Custo e reportar os processos individualmente, como mostra a planilha dos "processos", do anexo 1.

Mais uma vez, a Controladoria, caso não seja a responsável pela gestão deste(s) centro(s) de custo(s), enviará a planilha base para o planejamento, mais a relação de funcionários, para o(s) respectivo(s) gestor.

A execução do planejamento será feita, como nas áreas mencionadas anteriormente, internamente, verificando a necessidade de recursos (humanos e materiais) para a execução das atividades da área.

4.4 Recursos Humanos

Sob a responsabilidade do RH comumente encontram-se os Plano de Saúde suplementares para os funcionários, Restaurante - para o caso das empresas com mais de 300 funcionários -, Transporte de Funcionários, e outras questões que se relacionam ao bem-estar do trabalhador. O melhor é que cada um deles seja orçado em um Centro de Custo específico.

Todos os Centros de Custos acima referenciados são aqueles que deverão ser "zerados", conforme já explicado anteriormente, isto é, os custos deles serão repassados aos demais centros de custos usuários, baseados em um critério, geralmente o número de funcionários de cada setor. O setor de Controladoria é que fará todas estas considerações quando da consolidação. Calculando e distribuindo os custos para que o valor total das atividades ou processos fiquem corretos. Tudo isto tem uma razão de ser, que é o controle efetivo de todos os gastos, ou a distribuição deles aos custos dos produtos ou serviços, mas não de uma forma aleatória, mas sim criteriosa. Senão vejamos, de que vale fazer um custo levando em consideração os funcionários envolvidos nas atividades, mas não considerar o valor gastos por eles nos setores: Refeitórios, no Plano de Saúde, Farmácia, Transporte ou Cesta Básica, por exemplo. Quando se usa a distribuição dos custos desses centros de custos, chamados de centros de custos gerais para outros centros de custos, está-se gerenciando mais adequadamente os custos da empresa.

As atividades relacionadas com o processo de registro de carteira, contração de pessoas e treinamento de funcionários, por exemplo, serão orçadas em outro centro de custo ou outros centros de custos. Como já informado anteriormente, pode-se usar um único centro de custo e separar os processos, informando-os na planilha dos processos, em valor e horas.

4.5 Financeiros

O orçamento para a Tesouraria, merece esclarecer, é composto por dois tipos de despesas.

As despesas financeiras, aquelas relacionadas a Banco, ou seja, juros pagos, despesas bancárias, variação cambial ativa ou passiva, ganho de aplicação financeira, ou descontos concedidos em função de antecipação de pagamentos.

As despesas gerais e administrativas, que são compostas pelos recursos humanos e materiais gastos para execução destas atividades financeiras.

Portanto, neste centro de custo teremos claramente dois tipos de despesas que serão (ou são) apropriadas de forma diferente na DRE (Demonstrativo de Resultado do Exercício), uma, sendo os salários e outros gastos gerais (despesas gerais e administrativas), junto com as despesas

Administrativas e outra, as Despesas e Receitas Financeiras, compostas conforme já descrito acima. As despesas com pessoal e outras podem perfeitamente ter um centro de custo junto com outro centro de custo, dentro da Contabilidade, por exemplo, ou junto com a Controladoria.

Apesar das espécies de custos serem bem distintas, entre as classes financeiras e administrativas, seria interessante, para facilitar a consolidação e distribuição de custo, planejar em um centro de custo as despesas financeiras e em outro centro de custo os gastos com o setor. Mas, nada obsta em planejar tudo junto, mesmo porque as espécies de custo ou contas contábeis são diferentes.

5 CONSOLIDANDO E PREPARANDO OS RESULTADOS

Depois que cada área, setor ou departamento fizer o seu Plano e enviar para a Controladoria, esta irá fazer a consolidação, não se esquecendo de acrescentar o seu próprio orçamento.

São inúmeros os indicadores e análises que se pode extrair de todo este processo chamado orçamento ou plano de negócios.

As primeiras análises obtidas na consolidação são o total de gasto da empresa e o total gasto por classe de custo. Mas, separadamente, por exemplo:

Exemplo 1:

Total Geral para o ano 1 (janeiro a dezembro):	1.000.000,00	
Centros de Custos Operacionais:	500.000,00	50% do total
Centros de Custos de Vendas:	100.000,00	10% do total
Centros de Custos Adm.:	250.000,00	25% do total
Centros de Custos Financeiros:	50.000,00	5% do total
Gastos com Despesas Financeiras:	100.000,00	10% do total

Exemplo 2:

Total Salários para o ano 1 (janeiro a dezembro):	100.000,00	
Centros de Custos Operacionais:	30.000,00	30% do total

Centros de Custos de Vendas:	20.000,00	20% do total
Centros de Custos Adm.:	30.000,00	30% do total
Centros de Custos Financeiros:	20.000,00	20% do total

Através destas análises e comparações, com anos anteriores, inclusive, nos mesmos formatos acima, ajudam a incrementar o processo decisório da empresa, já que se elimina a subjetividade, pois tudo é feito com base em valores estipulados e estão dentro da organização. Não que sejam infalíveis, mas ajudam em muito a empresa.

Possibilita também verificar quanto os gastos evoluíram em relação ao ano anterior, tanto em valores absolutos, como em percentuais, desconsiderando ou não a inflação. Outros comparativos possíveis e essenciais estão relacionados ao planejamento dos próximos anos, que também foram feitos e devem ser igualmente analisados e comparados.

São inúmeros os indicadores possíveis de se obter, não só em termos de custos, como por exemplo, custos de determinada área por funcionário ao longo do tempo, valor do faturamento da empresa por pessoa, custo unitário da refeição, custo unitário do plano de saúde, custo hora de determinado processo, mas também indicadores de desempenho, como custo hora para prestar determinado serviço, evolução das horas extras, percentual dos gastos com retrabalho ou atendimento às reclamações de clientes, entre outros.

Outro indicador de qualidade é relacionar os valores com as ações que as áreas informaram serem necessárias para se chegar aos valores orçados e verificar se fazem sentido, testando-os, quando possível, junto com o gestor responsável ou junto com o responsável pela ação.

Uma análise um pouco mais sofisticada é a elaboração do Demonstrativo de Resultado do Exercício (DRE) por produto e total, mas para isto serão necessárias algumas explicações, a saber:

A DRE é representada da seguinte forma:

Venda Bruta
(-) impostos sobre a venda
(-) devolução e abatimentos
Venda Líquida
(-) Custo dos Serviços Prestados
Margem Bruta
(-) Despesas Administrativas

(-) Despesas Comerciais

Resultado Operacional

(-/+) Resultado Financeiro

Resultado antes do IR/CSLL

(-) IR/CSLL

Resultado Líquido

O agrupamento acima é utilizado pelas empresas de capital aberto (S.A.) para demonstração de seus resultados na CVM (Comissão de Valores Mobiliários), dentre outros, por exigência da Lei 6404/76 e mais recentemente pela Lei 11.638/07 devido à convergência às normas internacionais do IFRS[7] (International Financial Reporting Standards), que tem por objetivo tornar mais transparente a divulgação de informações contábeis para todos seus usuários, principalmente os investidores, possibilitando inclusive comparações entre empresas de diversas nacionalidades e de diferentes setores, já que é um método aplicado globalmente e permite esta comparação, pois se utilizam deste mesmo conceito ou norma. Não se deseja aqui um

---

[7] O IFRS foi desenvolvido e implantado, a partir de 2005, na Europa, com a intenção de tornar todas as publicações contábeis mais claras e fáceis de entender, principalmente para os investidores e também em função da Comunidade Comum Europeia, já que diferentes países com diferentes regras contábeis, foram integrados neste Bloco. Com a globalização das empresas, estas normas se estenderam por diversos países, incluindo o Brasil.

aprofundamento a este conceito, mas mostrar que o DRE não é um privilégio de grandes empresas, mas sim um modelo simples e descomplicado, utilizado universalmente (ou globalmente) e pode ser feito por qualquer empresa, seja industrial ou prestadora de serviços, como é o nosso caso.

Começaremos explicando as vendas:

Venda Bruta: É o valor total da nota fiscal ou valor que será cobrado do cliente. Neste orçamento está representada pelo valor total das vendas feita pelo pessoal de Vendas e informada na planilha entregue à Controladoria.

Impostos sobre a venda: Para as empresas prestadoras de serviços, os impostos que incidirão sobre a Venda Bruta serão o ISSQN (Imposto Sobre Serviço de Qualquer Natureza), municipal, portanto, a incidência percentual sobre a venda bruta é definida por cada cidade; o PIS/Pasep (Programa de Integração Social e Programa de formação do patrimônio do Servidor Público), imposto federal, incidente sobre a venda bruta em 1,65%; e a Cofins (Contribuição para o financiamento da seguridade social), também um imposto federal, que incide sobre a Venda Bruta, em 7,6%. Os dois últimos índices na modalidade não cumulativa. Estes percentuais serão devidamente considerados pela Controladoria, quando do preenchimento destes quadros para as análises. Em sendo a Venda total de R$ 100,00, por exemplo, e o ISSQN for de 5%, teremos uma dedução de R$ 5,00, que deverão ser recolhidos aos cofres da Prefeitura; 1,65% de PIS/Pasep, que representa R$ 1,65, deverão ser recolhidos aos cofres do governo federal; mais 7,6% da Cofins, mais R$ 7,60, que também serão recolhidos aos cofres do governo federal.

Devolução e abatimentos: Devolução de bens é normal e comum, porém devolução de serviços ... entendo que seja impossível, senão vejamos, pedimos uma *pizza* para entrega à domicílio, em um final de semana qualquer, portanto, haverá uma prestação de serviço tanto do preparo e fazimento da *pizza*, como da entrega em casa. Para o caso da *pizza* chegar fria, "toda amassada" parecendo mais um *calzone*, ou completamente diferente do pedido e o cliente não a quiser mais, poderá se negar a receber ou devolver o produto fruto deste serviço, no entanto, os serviços já foram prestados, tanto o fazimento como a entrega, por isto, para o setor de serviços é (mais) comum utilizar o abatimento – que é uma redução no preço cobrado pelo serviço oferecido ao comprador, se este foi malfeito – diferentemente na indústria, onde o mais comum é a devolução do produto. Vamos dizer que da situação acima, o vendedor faça um acordo com o cliente e além de dar um desconto no produto, não cobrará nada pela entrega. Assim, houve um abatimento nesta prestação de serviço. Por isto é prudente na execução do orçamento e na consolidação de resultados que o pessoal de Vendas, estipule, definindo critérios, melhorias e ações, um percentual em que se dará este abatimento, que nesse nosso exemplo será de 1%, ou seja, de todos os serviços praticados pela empresa, em 1% deles haverá abatimento, se a venda representa R$ 100,00 (cem reais), o abatimento será de R$ 1,00 (um real).

Venda Líquida: é a Venda Bruta menos os Impostos e menos as Devoluções e/ou Abatimentos.

Custo dos Serviços Prestados: como já informado anteriormente, neste tópico serão considerados todos os valores contidos nas planilhas informadas pelas áreas que executarão os serviços a serem prestados. São os setores operacionais da empresa, aqueles que agregam valor ao resultado da empresa. Aqueles que efetivamente farão ou prestarão os serviços.

Margem Bruta: é um importante indicador para a empresa e é obtido pela soma da venda líquida menos os custos dos serviços prestados. Esse lucro ou prejuízo já dará ao empreendedor uma boa medida do seu negócio. A Margem Bruta é o resultado obtido com as atividades fim da empresa, sendo que dele ainda terão que ser deduzidas as despesas e o IR/CSLL, para se obter a Margem Líquida.

Despesas Administrativas: São os gastos definidos pelos setores administrativos, os setores suportes da organização, as áreas Financeira e RH são os mais comuns a integrarem este tópico. Por isto é importante fazer uma distribuição de custo adequado, como já mostrado no caso de centros de custos como o Refeitório ou Plano de Saúde Complementar. Para ficar mais claro ainda, o objetivo de se fazer uma adequada distribuição de custos e/ou despesas, é para não penalizar uma determinada atividade da empresa em detrimento de outra, ou seja, se uma pessoa da área administrativa consumiu uma atividade chamada "refeição", deverá pagar por ela, assim como se uma pessoa da área operacional. Quem consumir a atividade, paga por ela. Assim, quanto mais se apropriam custos/despesas baseadas em atividades (ou critérios) para aqueles que os consumem, mais adequadamente poderá o resultado ser analisado e a partir daí extrair elementos para uma decisão.

Despesas Comerciais: Como o próprio nome diz, são os gastos das áreas comercias, tanto com salários e encargos dos funcionários, como depreciação, propaganda, promoção, enfim todos os recursos necessários para gerir a área comercial.

Resultado Operacional: também conhecido como EBIT (Ernings Before Interest and Tax), nada mais é que a Margem Bruta deduzido das despesas administrativas e comerciais. Ou seja, é o lucro e/ou prejuízo advindo das operações da empresa, sem a consideração das despesas financeiras e dos impostos.

Resultado Financeiro: São as receitas (valores positivos) e as despesas (valores negativos) financeiras. Isto é, o que a empresa ganhou com aplicações financeiras menos o que pagou de juros e despesas bancárias, mais as variações cambiais, sejam positivas ou negativas. O resultado disto tudo será o resultado financeiro, portanto, não obtido diretamente das operações da empresa, por isto demonstrado sempre separadamente.

Resultado antes do IR/CSLL: É a soma do resultado operacional com o resultado financeiro. É sobre este valor que será o cálculo do imposto a pagar.

IR/CSLL: Imposto de Renda e Contribuição Social sobre o Lucro Líquido. Falar da imensidade e volume de impostos que permeiam as empresas nacionais é redundância, então comentaremos aqui unicamente sobre as bases de cálculo. A base para o cálculo do imposto, segundo a lei vigente, é o valor resultante do ganho e rendimentos de capital advindos da execução das atividades da empresa, durante um período de tempo, geralmente 1 ano, de janeiro a dezembro. Existem várias formas de Imposto de Renda para as Pessoas Jurídicas, Simples, Lucro Presumido, Lucro Real e Lucro Arbitrado. Cada empresa deve analisar e verificar no qual se enquadra, para obter o melhor para si, sem ferir as leis vigentes. O planejamento ora em curso pode e deve ser usado com este objetivo. Para o Imposto de Renda são duas alíquotas, 15%, aplicada sobre o lucro real, mais um adicional de 10%, aplicado sobre a parcela de lucro real que exceder a R$ 20.000,00 (vinte mil reais) pelo número de meses da apuração. A base para cálculo e apuração do CSLL são as mesmas do IR e é de 9%.

Resultado Líquido: é o valor resultante da somatória de todos os itens acima. Exemplo numérico com valores em R$ para período de um ano.

Tabela 1: Demonstrativo de Resultado do Exercício

Venda Bruta	10.000.000,00
(-) ISS de 5%	(500.000,00)
(-) PIS/Pasep de 1,65%	(165.000,00)
(-) Cofins de 7,6%	(760.000,00)
(-) Abatimento de 2% [8]	(200.000,00)
Venda Líquida	8.375.000,00
(-) Custo dos Serviços Prestados [9]	(5.300.000,00)
Margem Bruta	3.075.000,00
(-) Despesas Administrativas	(575.000,00)
(-) Despesas Comerciais	(665.000,00)
Resultado Operacional (EBIT)	1.835.000,00
(-/+) Resultado Financeiro	15.000,00
Resultado antes do IR/CSLL	1.850.000,00
(-) IR/CSLL	(605.000,00)

---

[8] O índice para o abatimento é o informado por vendas, não um número aleatório qualquer.

[9] Os Custos dos Serviços Prestados podem ser separados entre custos fixos e variáveis. A planilha enviada já dispõe esta informação. Ela será usada para calcular a Contribuição Marginal, muito útil para a organização para análise de rentabilidade por produto, consequentemente um índice importante para a tomada de decisão.

Resultado Líquido	1.245.000,00

Conforme planilha preenchida pela área de Vendas, o quadro acima poderá ser feito com cada serviço prestado, que tenha previsão de vendas para o período. Cada produto/serviço estará representado em uma coluna. Quando se fala em coluna, está-se falando em uma planilha Excel, onde cada produto estará representado em uma coluna e com a soma destas colunas, na horizontal, obtém-se o total que a empresa irá vender e na vertical o resultado individual de cada produto, que será detalhado mais adiante. A Controladoria fará o devido preenchimento dos impostos, devoluções e abatimentos, compartilhado com o pessoal de vendas.

Uma vez preenchido os campos das vendas, se dará o preenchimento dos Custos dos Serviços Prestados. Para isto é necessário se basear nas áreas ou Centros de Custos Operacionais, conforme já descrito no respectivo tópico acima (item 4.2). Estes gastos comporão os Custos dos Serviços Prestados, que são baseados no quanto o produto consome de cada Centro de Custo, em função das horas de sua utilização. Todos estes valores estarão contidos nas planilhas preenchidas pela respectiva área, no espaço reservado aos processos. Processos estes para a execução dos serviços.

Depois disto, teremos as despesas administrativas, comerciais e financeiras. A pergunta que virá a seguir, será: mas que critério será usado para a distribuição destes gastos, para se obter o custo (adequado) de cada produto?

A resposta? Depende! Sim, apesar da distribuição dos custos indiretos - geralmente fixos -, são também geralmente distribuídos com base nas vendas líquidas, pode-se ter outras modalidades e critérios, devidamente acordado na organização. Como diz o ditado: "o que é acordado não é caro". Portanto, se a empresa tem outro critério, devidamente acordado e entendido por todos, sem problemas. É só usá-lo. Ou mesmo se tiver um critério para uma área e outro para a outra, sem problemas também. Como já demonstramos, pode-se perfeitamente utilizar o critério definido por cada Centro de Custo, porém não em relação aos seus serviços, mas em relação aos serviços que a empresa fará. Em outras palavras, se uma empresa tem três tipos de serviços, cada centro de custo deverá avaliar qual o peso (ou critério) que se deverá adotar para ratear suas despesas aos produtos/serviços.

Depois disto, teremos o quadro por produto pronto, desde a venda até o resultado líquido. Também poderá ser obtido a Contribuição Marginal, que é a Venda Líquida menos os Custos/Despesas Variáveis. Como? Pelas planilhas preenchidas pelos setores, onde consta o que é custo ou despesa fixa e o que é variável. Isto auxilia em muito as decisões da organização. Qual o produto/serviço que precisa ser alterado, qual precisa ser incrementado. Este valor é muito utilizado pelas organizações para se obter maior lucratividade ou descontinuar um produto ou serviço, pois se o valor for negativo, significa que o preço não paga nem o custo variável. Uma vez ciente da Contribuição Marginal, se saberá quanto estará sobrando para cobrir os custos fixos e o lucro. É a base para o cálculo do ponto de equilíbrio, ou seja, se dividirmos o custo fixo total pela contribuição marginal unitária obteremos a quantidade que gerará o ponto de equilíbrio, isto é, o lucro líquido obtido será igual a zero, significa que o Preço de Venda cobre todos os custos e despesas, mas não gerará nem lucro, nem prejuízo.

Com isto completamos o ciclo, planejamos as vendas, os custos, as despesas, os investimentos, que se tornarão depreciação, analisados pelos critérios de taxa de retorno de investimento ou outro critério que a organização ache apropriado, culminando no DRE, por produto/serviço e total. Muitas vezes pode acontecer de ao terminar o processo do orçamento, a diretoria, proprietários ou os que respondem pela empresa vislumbrem um resultado não satisfatório e para melhorar definem metas de redução de custo, melhora de performance ou aumento de vendas para que os respectivos setores atinjam o resultado esperado. Todas estas questões serão compiladas pela Controladoria e devidamente informadas a todas as demais áreas.

É possível também calcular o EBITDA, usado pelas empresas de capital aberto, na publicação de seus resultados na CVM (Comissão de Valores Mobiliários). Este valor pode ser obtido pelo Resultado Operacional (EBIT) menos as depreciações, que significa grosso modo o valor "caixa" dos produtos.

Para esclarecer, o EBIT é uma sigla em inglês de Ernings Before Interest and Tax, que como já dito, nada mais é que o Resultado Operacional. O EBITDA é o Ernings Before Interest, Tax, Depreciation and Amortization.

6 CONTROLANDO – BASE PREVISTO x REAL

Esta é uma das mais simples e fáceis maneiras de se controlar custo. O que se previu contra o que aconteceu (valor real). A diferença entre estes valores deve ser explicada e ajustada se for o caso. Não é só "justificar" por que aconteceu ou por que não aconteceu.

Quando se comparam dois valores, deve-se entender, explicar e procurar corrigir sua tendência, se for o caso. Isto pode ser feito em todos os níveis, desde uma pequena espécie de custo de um pequeno Centro de Custo, até um grande investimento ou uma grande venda que se realizou ou não se realizou em relação ao real ou em relação ao plano.

Isto tudo deve ser feito e avaliado junto com as ações que cada setor previu fazer. A controladoria deve verificar e cobrar de cada setor estes resultados. Verificar se o setor está executando o que prometeu. Se necessário for, as ações devem ser reavaliadas e reprogramadas, para se obter o resultado esperado. Melhorar sempre a cada etapa, passo a passo.

É importante que a organização não deixe que todo o esforço pelo orçamento fique em vão. Se não houver cobrança, não haverá resposta. As pessoas se sentirão acomodadas se não houver cobranças, principalmente da alta gerência ou da direção da empresa. É preciso acompanhar, fazer com que todos participem. Verificar se as ações estão sendo seguidas, quais as dificuldades encontradas o que foi feito para obter o sucesso ou o que não foi feito. Faz parte da gestão. Talvez uma gestão visual ajude. Se todos puderem acompanhar, verem as ações e o andamento, seja com o PDCA – já descrito no início deste livro –, seja com o acompanhamento/atualização periódicos.

A questão do Previsto X Real não é só explicar porque aconteceu a diferença, mas o que pode ser aprendido com isto. É o que se chama de lições aprendidas. Mas, além disto, é saber se serão necessárias novas ações ou outras ações para reverter o resultado, obviamente se este tiver sido de piora. Se, por outro lado, a diferença foi de melhora, então informar, comunicar, para que a organização fique sabendo e compartilhe da informação, é muito produtivo.

Muitas empresas podem possuir um sistema que faça toda esta comparação e já aponte os pontos que merecem atenção, mas também pode ser que tenha que fazer todas as comparações e análises em planilhas Excel, por exemplo. Também é importante observar que o comparativo pode ser feito com o Real do ano anterior, com o Planejado anterior, ou ainda contra a última Previsão feita. Com base nestes comparativos será possível analisar tendências; agregação ou não de valores; problemas a resolver ou mesmo solução para determinada situação; descontinuidade de produto; ou mesmo redefinindo atribuições de áreas/atividades. Serão demonstrados a seguir alguns comparativos que poderão ser feitos:

Gastos totais por Centros de Custos para um determinado período ou para um determinado mês:

Tabela 2: Comparativo por Centro de Custo entre o Orçado e o Previsto

Setores	Orçado		Real		Diferença	
Operacionais	300.000	46%	250.000	41%	-50.000	-17%
Vendas	100.000	15%	100.000	16%	0	0%
Administrativos	150.000	23%	200.000	33%	50.000	10%
RH	50.000	8%	55.000	9%	5.000	10%
Financeiro	50.000	8%	10.000	2%	-40.000	80%
TOTAL	650.000	100%	615.000	100%	-35.000	-5%

Como pode ser observado, as análises podem ser feitas tanto em termos absolutos, o valor em reais, como em termos relativos, os percentuais.

O quadro abaixo demonstra os gastos totais dos salários + encargos sociais :

Tabela 3: Comparativo entre o Orçado e Previsto para os Salários + Encargos Sociais

Setores	Orçado		Real		Diferença	
Operacionais	100.000	28%	110.000	33%	10.000	10%
Vendas	80.000	22%	75.000	23%	-5.000	-6%
Administrativos	110.000	31%	110.000	33%	0	0%
RH	30.000	8%	25.000	8%	-5.000	-17%
Financeiros	40.000	11%	9.000	3%	-31.000	-78%
TOTAL	360.000	100%	329.000	100%	-31.000	-9%

Da mesma forma que o anterior, inúmeras análises poderão ser feitas, uma delas é que a redução ou gasto menor que o previsto foi obtido com gastos com pessoal, pois houve uma redução de R$ 31 mil no tópico "salários", de uma redução total de R$ 35 mil, apesar dos gastos com salários representarem cerca de 50% do total. Em termos relativos, a redução de 5% no total, foi de 9% nos salários. É necessário saber o real motivo desta redução, o que a motivou, já que é muito representativa da redução total. Além disto, esta redução se deu no Centro de Custo Financeiro, e, mais ainda, esta redução representou 78% no centro de custo. Isto demonstra que houve uma substancial redução de pessoas. É importante entender estas diferenças e seus reflexos.

Para os serviços prestados, as comparações podem ser feitas, tanto com os valores totais em reais, percentuais e em valores por horas (ou na unidade que a empresa tenha como padrão para execução de seus serviços). Neste nosso exemplo utilizaremos, hipoteticamente, as horas como base:

Tabela 4: Demonstrativo de Resultado do Orçado do Serviço A com % e valor unitário

Serviço "A"	R$	%	Unit.
Horas (30.000)			
Venda Bruta	6.000.000		
(-) ISS de 5%	-300.000		
(-) PIS/Pasep de 1,65%	-99.000		
(-) Cofins de 7,6%	-456.000		
(-) Abatimento de 1,5%	-90.000		
Venda Líquida	5.055.000	100%	168,50
(-) Custo dos Serv. Prest. - Fixos	-800.000	-16%	-26,67
(-) Custo dos Serv. Prest. - Var.	-2.500.000	-49%	-83,33
Margem Bruta	1.755.000	35%	58,50
Contribuição Marginal	2.555.000	51%	85,17
(-) Despesas Adm. - Fixas	-345.000	-7%	-11,50
(-) Despesas Com. - Fixas	-399.000	-8%	-13,30
Resultado Operacional (EBIT)	1.011.000	20%	33,70

Tabela 5: Demonstrativo de Resultado do Orçado do Serviço B com % e valor unitário

Serviço "B" Horas (25.000)	R$	%	Unit.
Venda Bruta	4.000.000		
(-) ISS de 5%	-200.000		
(-) PIS/Pasep de 1,65%	-66.000		
(-) Cofins de 7,6%	-304.000		
(-) Abatimento de 2,75%	-110.000		
Venda Líquida	3.320.000	100%	132,80
(-) Custo dos Serv. Prest. - Fixos	-700.000	-21%	-28,00
(-) Custo dos Serv. Prest. - Var.	-1.300.000	-39%	-52,00
Margem Bruta	1.320.000	40%	52,80
Contribuição Marginal	2.020.000	61%	80,80
(-) Despesas Adm. - Fixas	-230.000	-7%	-9,20
(-) Despesas Com. - Fixas	-266.000	-8%	-10,64
Resultado Operacional (EBIT)	824.000	25%	32,96

Em sendo as unidades de trabalho – horas – do serviço "A" e "B" as mesmas, soma-se o total delas, depois se somam os valores (R$) e divide-se o último pelo primeiro, obtendo-se o custo unitário total, ficando assim representado:

Tabela 6: Demonstrativo de Resultado dos Orçados dos Serviços A e B com % e valor unitário

Serviço "A + B" Horas (55.000)	R$	%	Unit.

Venda Bruta	10.000.000		
(-) ISS de 5%	-500.000		
(-) PIS/Pasep de 1,65%	-165.000		
(-) Cofins de 7,6%	-760.000		
(-) Abatimento de 2%	-200.000		
Venda Líquida	8.375.000	100%	152,27
(-) Custo dos Serv. Prest. - Fixos	-1.500.000	-18%	-27,27
(-) Custo dos Serv. Prest. - Var.	-3.800.000	-45%	-69,09
Margem Bruta	3.075.000	37%	55,91
Contribuição Marginal	4.575.000	55%	83,18
(-) Despesas Adm. - Fixas	-575.000	-7%	-10,45
(-) Despesas Com. - Fixas	-665.000	-8%	-12,09
Resultado Operacional (EBIT)	1.835.000	22%	33,36

A comparação com os dados acima, que são os planejados, serão feitos com os valores realizados, que serão demonstrados abaixo, para o período que se quer comparar. Ambos devem estar no mesmo período, pois senão haverá distorções nas análises, mesmo para os percentuais e valores unitários:

Tabela 7: Demonstrativo de Resultado do Realizado do Serviço A com % e valor unitário

Serviço "A"	R$	%	Unit.
Horas (35.350)			
Venda Bruta	5.660.000		
(-) ISS de 5%	-283.000		
(-) PIS/Pasep de 1,65%	-93.390		

(-) Cofins de 7,6%	-430.160		
(-) Abatimento de 1%	-56.600		
Venda Líquida	4.796.850	100%	135,70
(-) Custo dos Serv. Prest. - Fixos	-1.017.782	-21%	-28,79
(-) Custo dos Serv. Prest. - Var.	-2.945.800	-61%	-83,33
Margem Bruta	833.268	17%	23,57
Contribuição Marginal	1.851.050	39%	52,36
(-) Despesas Adm. - Fixas	-339.261	-7%	-9,60
(-) Despesas Com. - Fixas	-350.000	-7%	-9,90
Resultado Operacional (EBIT)	144.007	3%	4,07

Tabela 8: Demonstrativo de Resultado do Realizado do Serviço B com % e valor unitário

Serviço "B"	R$	%	Unit.
Horas (26.000)			
Venda Bruta	4.350.000		
(-) ISS de 5%	-217.500		
(-) PIS/Pasep de 1,65%	-71.775		
(-) Cofins de 7,6%	-330.600		
(-) Abatimento de 1%	-43.500		
Venda Líquida	3.686.625	100%	141,79
(-) Custo dos Serv. Prest. - Fixos	-782.218	-21%	-30,09
(-) Custo dos Serv. Prest. - Var.	-1.350.000	-37%	-51,92
Margem Bruta	1.554.407	42%	59,78
Contribuição Marginal	2.336.625	63%	89,87
(-) Despesas Adm. - Fixas	-260.739	-7%	-10,03
(-) Despesas Com. - Fixas	-250.000	-7%	-9,62
Resultado Operacional (EBIT)	1.043.668	28%	40,14

Tabela 9: Demonstrativo de Resultado do Realizado do Serviço A e B com % e valor unitário

Serviço "A + B"	R$	%	Unit.
Horas (61.350)			
Venda Bruta	10.010.000		
(-) ISS de 5%	-500.500		
(-) PIS/Pasep de 1,65%	-165.165		
(-) Cofins de 7,6%	-760.760		
(-) Abatimento de 1%	-100.100		
Venda Líquida	8.483.475	100%	138,28
(-) Custo dos Serv. Prest. - Fixos	-1.800.000	-21%	-29,34
(-) Custo dos Serv. Prest. - Var.	-4.295.800	-51%	-70,02
Margem Bruta	2.387.675	28%	38,92
Contribuição Marginal	4.187.675	49%	68,26
(-) Despesas Adm. - Fixas	-600.000	-7%	-9,78
(-) Despesas Com. - Fixas	-600.000	-7%	-9,78
Resultado Operacional (EBIT)	1.187.675	14%	19,36

Para as diferenças, usaremos o mesmo critério quando da análise por Centro de Custo ou por Classe de Custo, os valores realizados, menos os valores orçados ou planejados. Inclusive para os valores unitários, apesar de ficar um pouco estranho. Para a **venda e resultados**, os valores positivos indicarão que o realizado foi maior (melhor) que o planejado, e os negativos indicarão que o realizado foi menor (pior) que o planejado/orçado. Para os **custos**, o entendimento é o oposto, pois os valores são demonstrados como negativos, na forma de redução do valor da venda, portanto, os valores negativos representam gastos reais menores que o previsto (ganho) e os valores positivos, gastos maiores que o previsto (perda):

Tabela 10: Demonstrativo de Resultado do Realizado menos o Orçado (a diferença) do Serviço A com % e valor unitário

Serviço "A"	R$	%	Unit.
Horas (5.350)			
Venda Bruta	-340.000		
(-) ISS de 5%	17.000		
(-) PIS/Pasep de 1,65%	5.610		
(-) Cofins de 7,6%	25.840		
(-) Abatimento	33.400		
Venda Líquida	-258.150	-5%	-32,80
(-) Custo dos Serv. Prest. - Fixos	-217.782	27%	-2,12
(-) Custo dos Serv. Prest. - Var.	-445.800	18%	0,00
Margem Bruta	-921.732	-53%	-34,93
Contribuição Marginal	-703.950	-28%	-32,80
(-) Despesas Adm. - Fixas	5.739	-2%	1,90
(-) Despesas Com. - Fixas	49.000	-12%	3,40
Resultado Operacional (EBIT)	-866.993	-86%	-29,63

Tabela 11: Demonstrativo de Resultado do Realizado menos o Orçado (a diferença) do Serviço V com % e valor unitário

Serviço "B"	R$	%	Unit.
Horas (1.000)			
Venda Bruta	350.000		
(-) ISS de 5%	-17.500		
(-) PIS/Pasep de 1,65%	-5.775		
(-) Cofins de 7,6%	-26.600		
(-) Abatimento	66.500		
Venda Líquida	366.625	11%	8,99
(-) Custo dos Serv. Prest. - Fixos	-82.218	12%	-2,09

(-) Custo dos Serv. Prest. - Var.	-50.000	4%	0,08
Margem Bruta	234.407	18%	6,98
Contribuição Marginal	316.625	16%	9,07
(-) Despesas Adm. - Fixas	-30.739	13%	-0,83
(-) Despesas Com. - Fixas	16.000	-6%	1,02
Resultado Operacional (EBIT)	219.668	27%	7,18

Tabela 12: Demonstrativo de Resultado do Realizado menos o Orçado (a diferença) dos Serviço A + B com % e valor unitário

Serviço "A + B"	R$	%	Unit.
Horas (6.350)			
Venda Bruta	10.000		
(-) ISS de 5%	-500		
(-) PIS/Pasep de 1,65%	-165		
(-) Cofins de 7,6%	-760		
(-) Abatimento	99.900		
Venda Líquida	108.475	1%	-13,99
(-) Custo dos Serv. Prest. - Fixos	-300.000	20%	-2,07
(-) Custo dos Serv. Prest. - Var.	-495.800	13%	-0,93
Margem Bruta	-687.325	-22%	-16,99
Contribuição Marginal	-387.325	-8%	-14,92
(-) Despesas Adm. - Fixas	-25.000	4%	0,67
(-) Despesas Com. - Fixas	65.000	-10%	2,31
Resultado Operacional (EBIT)	-647.325	-35%	-14,00

Muitos comentários e análises podem ser extraídas das comparações acima para serem endereçados a alta administração, pela Controladoria, depois desta ter verificado junto às respectivas áreas os motivos das diferenças, bem como ações para correção ou eventualmente recuperação já no próximo período. Se a organização já tem a cultura da verificação e comparação contra o orçado, ela saberá ou terá uma noção da tendência da despesa de sua área, ou da situação das vendas e como elas estão se comportando ao longo do mês, pois isto tudo é visto e comentado no dia-a-dia, principalmente na questão das vendas, já que elas são a "locomotiva" da empresa. A organização espera os relatórios da Controladoria, mais como uma oficialização, e não o ponto de partida para suas ações, pois a organização tem que ser ativa e não reativa. O que a Controladoria divulgar, já será passado. Não significa, porém, que não sirva para nada, muito pelo contrário, ajudarão em muito a definição dos próximos passos também. Se a empresa não conseguir enxergar seus resultados de forma clara e transparente, com certeza não tomará as decisões mais acertadas.

Portanto, é importante pontuar claramente o que aconteceu; o que já está comprometido; o que ainda pode ser feito para melhorar; qual a perspectiva para o próximo mês. Muitas vezes é bom criar um padrão, assim a organização pode entender melhor, seja através de um KPI [10] (**K**ey **P**erformance Indicators ou Indicadores-chave de desempenho), seja através de controles visuais específicos, compartilhados com cada área.

Por exemplo: As vendas estarão representadas em um gráfico com os valores planejado e realizado, por tipo de serviço e lá será demonstrado o que aconteceram com Vendas de determinado mês e serviço, se teve diferença com o planejado. Como está o andamento das ações planejadas. As outras áreas também terão seus demonstrativos, com as devidas análises.

A Controladoria compilará estas informações e junto com suas próprias análises, fará seus devidos comentários para a alta direção da empresa. Se existe algum motivo de preocupação: Qual? Por que? Como resolver? Informações sucintas e objetivas serão demandadas pela alta direção ou proprietários e é importante que a Controladoria as forneça, adequadamente.

_____

[10] KPI são muitos usados para a gestão de resultados. São indicadores de medem o desempenho econômico-operacional de uma empresa, de forma gráfica, disponibilizados aos dirigentes e gestores da empresa, para poderem acompanhar de forma simplificada os seus resultados.

Caso também se tenha preenchido os valores para os anos seguintes, um importante instrumento para análise das tendências da empresa acaba de ser criado. Não serão só expectativas, mas perspectivas, já que teve um embasamento, definições com ações. Este também será uma importante ferramenta a ser acompanhada pela direção da empresa.

7 CONCLUSÃO

Este livro teve como objetivo principal descrever de forma clara e objetiva todos os passos para a execução e controle de um orçamento (ou plano de negócios) para ser utilizado por uma empresa de prestação de serviço, bem como dar conhecimento das melhores práticas e conceitos para um gerenciamento de custos e resultado para a empresa, de modo eficiente e eficaz.

Deve ser ressaltado que o modelo aqui proposto é simples e abrange de forma completa a organização, elencando uma série de possibilidades que podem ser facilmente implantadas ou incrementadas nas empresas, senão completamente, em partes, sem perder sua eficácia. Caberá aos dirigentes da organização esta avaliação.

Devido à especificidade do tema, pode existir uma certa aversão por parte de alguns dirigentes, e achar que é muito complexo, porém, à medida que se aprofunda na questão e se verifica sua abrangência e as várias alternativas que se abrem para a empresa como um todo, o trabalho e a execução ficam pequenos.

Todos os pontos inerentes ao orçamento foram abordados de forma a dar a real dimensão para todos os gestores de que o planejamento, sua execução e controle, é primordial para uma organização, para sua sobrevivência e perpetuidade. Que tudo não é só um modismo, haja vista sua utilização por empresas centenárias. No entanto, não pode nem deve ser encarado como resposta para toda e qualquer questão da empresa, mas sim um excelente instrumento de gestão. Gestão de Custos e Resultados.

Com os resultados aqui demonstrados fica evidente de que os conceitos essenciais para que uma empresa possa implementar o seu Orçamento ou seu Plano de Negócios, ou simplesmente usar o que achou de mais interessante e que possa ser implantado ou utilizado para pequenas melhorias em sua organização, podem ser facilmente absorvidos e extraídos como modelo. Alguns destes conceitos, inclusive, poderão ser usados em qualquer atividade da empresa e não necessariamente somente no processo de orçamento.

Caso queira se aprofundar no assunto, o referencial bibliográfico o ajudará na empreitada.

8 ANEXOS

8.1 Anexo 1

Tabelas a serem preenchidas pelo Centro de Custo

| Centro de Custo: | | Elaborado por | em / / | | | | | | | | | | | | | Valores em R$ | | | |

Grupo	Espécie custo ou Conta contábil	Denominação da Esp. Custo	Tipo	J	F	M	A	M	J	J	A	S	O	N	D	Total	Ano 2	Ano 3	Ano 4
1	41000	Salário	fixo													0	0	0	0
1	41001	Comissões	var.													0	0	0	0
1	41002	Hora Extra	fixo													0	0	0	0
1	41003	Adicional Noturno	fixo													0	0	0	0
2	41004	Férias	fixo													0	0	0	0
2	41005	13o. Salário	fixo													0	0	0	0
2	41006	INSS	fixo													0	0	0	0
2	41007	SAT	fixo													0	0	0	0
2	41008	Salário Educação	fixo													0	0	0	0
2	41009	Incra/Sest/Sebrae/Senat	fixo													0	0	0	0
2	41010	FGTS	fixo													0	0	0	0
2	41011	Vale transporte	fixo													0	0	0	0
2	41012	Encargos com demissão	fixo													0	0	0	0
3	41013	Vale refeição	fixo													0	0	0	0
3	41014	Plano de Saúde	fixo													0	0	0	0
4	41015	EPI	fixo													0	0	0	0
4	41016	Uniformes	fixo													0	0	0	0
4	41017	Treinamento	fixo													0	0	0	0
5	42001	Depreciação de prédios e instalações	fixo													0	0	0	0
5	42002	Depreciação de máquinas/equip.	fixo													0	0	0	0
5	42003	Depreciação de móveis e utensílios	fixo													0	0	0	0
5	42004	Depreciação equip. informática	fixo													0	0	0	0
5	42005	Depreciação Imóveis 3os.	fixo													0	0	0	0
6	43001	Aluguéis de veículos	fixo													0	0	0	0
6	43002	Aluguéis e Condomínio	fixo													0	0	0	0
7	43003	Água	fixo													0	0	0	0
7	43004	Energia elétrica	fixo													0	0	0	0
7	43005	Telefone	fixo													0	0	0	0
7	43006	Internet	fixo													0	0	0	0
8	43007	Material de escritório	fixo													0	0	0	0

8	43008	Correios e malote	fixo															0	0	0	0
8	43009	Cópias	fixo															0	0	0	0
8	43010	Copa, cozinha	fixo															0	0	0	0
9	43011	Vigilância e segurança	fixo															0	0	0	0
9	43012	Limpeza e conservação	fixo															0	0	0	0
10	43013	Serviços de informática	fixo															0	0	0	0
10	43014	Auditorias	fixo															0	0	0	0
10	43015	Consultorias	fixo															0	0	0	0
10	43016	Honorários advocatícios	fixo															0	0	0	0
10	43017	Contribuição Entidade Classe	fixo															0	0	0	0
11	43018	Prestação serviço armazto. transporte	var.															0	0	0	0
11	43019	Prestação serviços RH	fixo															0	0	0	0
11	43020	Prestação serviços Operacionais	var.															0	0	0	0
11	43021	Crédito Prestação Serviços 3os.	var.															0	0	0	0
12	43022	IPTU	fixo															0	0	0	0
12	43023	Tarifas	fixo															0	0	0	0
13	43024	Seguros	fixo															0	0	0	0
14	43025	Material de manutenção	fixo															0	0	0	0
14	43026	Serviços de manutenção	fixo															0	0	0	0
14	43027	Óleos e lubrificantes p/ máq./equiptos.	fixo															0	0	0	0
14	43028	Manutenção de veículos	fixo															0	0	0	0
15	43029	Combustível	fixo															0	0	0	0
15	43030	Viagens e Hospedagens	fixo															0	0	0	0
16	43031	Publicidade e propaganda	fixo															0	0	0	0
16	43032	Brindes	fixo															0	0	0	0
16	43033	Promoções	fixo															0	0	0	0
17	45001	Juros pagos	fixo															0	0	0	0
17	45002	Descontos (financeiros) consedidos	fixo															0	0	0	0
17	45003	Descontos (financeiros) recebidos	fixo															0	0	0	0
17	45004	IOF	fixo															0	0	0	0
17	45005	Receita de aplicação financeira	fixo															0	0	0	0
17	45006	Despesas bancárias	fixo															0	0	0	0
17	45007	Variação Cambial	fixo															0	0	0	0
		Total Fixo	fixo	0	0	0	0	0	0	0	0	0	0	0	0	0	0	0	0	0
		Total Variável	var.	0	0	0	0	0	0	0	0	0	0	0	0	0	0	0	0	0
		TOTAL das Despesas		0	0	0	0	0	0	0	0	0	0	0	0	0	0	0	0	0
		Nr. de PESSOAS		0	0	0	0	0	0	0	0	0	0	0	0	0	0	0	0	0

Totalização por Grupo

Grupo	Denominação	J	F	M	A	M	J	J	A	S	O	N	D	Total	Ano 2	Ano 3	Ano 4
1	Salários	0	0	0	0	0	0	0	0	0	0	0	0	0	0	0	0
2	Encargos Sociais Compulsórios	0	0	0	0	0	0	0	0	0	0	0	0	0	0	0	0
3	Encargos Sociais Voluntários	0	0	0	0	0	0	0	0	0	0	0	0	0	0	0	0
4	Despesas associadas aos Funcionários	0	0	0	0	0	0	0	0	0	0	0	0	0	0	0	0
5	Depreciação	0	0	0	0	0	0	0	0	0	0	0	0	0	0	0	0
6	Locação/aluguel	0	0	0	0	0	0	0	0	0	0	0	0	0	0	0	0
7	Utilidades	0	0	0	0	0	0	0	0	0	0	0	0	0	0	0	0
8	Relativo ao escritório	0	0	0	0	0	0	0	0	0	0	0	0	0	0	0	0
9	Limpeza, vigilância e conservação	0	0	0	0	0	0	0	0	0	0	0	0	0	0	0	0
10	Auditorias/Consultorias/ Advogados/ Entidade de classe	0	0	0	0	0	0	0	0	0	0	0	0	0	0	0	0
11	Prestação de serviços de terceiros	0	0	0	0	0	0	0	0	0	0	0	0	0	0	0	0
12	Impostos e Tarifas	0	0	0	0	0	0	0	0	0	0	0	0	0	0	0	0
13	Seguros	0	0	0	0	0	0	0	0	0	0	0	0	0	0	0	0
14	Manutenção	0	0	0	0	0	0	0	0	0	0	0	0	0	0	0	0
15	Viagens, Hospedagens e despesas com combustível	0	0	0	0	0	0	0	0	0	0	0	0	0	0	0	0
16	Marketing	0	0	0	0	0	0	0	0	0	0	0	0	0	0	0	0
17	Financeiras	0	0	0	0	0	0	0	0	0	0	0	0	0	0	0	0
	TOTAL	0	0	0	0	0	0	0	0	0	0	0	0	0	0	0	0

Valores relativos aos custos por processo do centre de custo

Distribuição das horas por processo do centro de custo

		J	F	M	A	M	J	J	A	S	O	N	D	Tot	Ano 2	Ano 3	Ano 4
1	Processo A													0	0	0	0
2	Processo B													0	0	0	0
	TOTAL	0	0	0	0	0	0	0	0	0	0	0	0	0	0	0	0

Valores em R$ dos processos do centro de custo																
		J	F	M	A	M	J	J	A	S	O	N	D	Tot	Ano 2	Ano 3	Ano 4
1	Processo A													0	0	0	0
2	Processo B													0	0	0	0
	TOTAL	0	0	0	0	0	0	0	0	0	0	0	0	0	0	0	0

Custo R$ por hora, de acordo com os valores acima																
		J	F	M	A	M	J	J	A	S	O	N	D	Tot	Ano 2	Ano 3	Ano 4
1	Processo A													0	0	0	0
2	Processo B													0	0	0	0
	TOTAL	0	0	0	0	0	0	0	0	0	0	0	0	0	0	0	0

Ações para atingir os valores orçados					
Ação	Descrição da ação	Responsável	Prazo	Resultado esperado	Acompanhamento (PDCA)
1	......				
2	......				
3	......				

8.2   Anexo 2

Tabelas da previsão de Vendas e as respectivas ações

Vendas - Previsão de ____/____/____

Cliente		J	F	M	A	M	J	J	A	S	O	N	D	Tot	Ano 2	Ano 3	Ano 4
Cliente A	qtde													0	0	0	0
	R$ unit./Serv. A													0	0	0	0
	Total bruto R$	0	0	0	0	0	0	0	0	0	0	0	0	0	0	0	0
	qtde													0	0	0	0
	R$ unit./Serv. B													0	0	0	0
	Total bruto R$	0	0	0	0	0	0	0	0	0	0	0	0	0	0	0	0
Cliente B	qtde													0	0	0	0
	R$ unit./Serv. B													0	0	0	0
	Total bruto R$	0	0	0	0	0	0	0	0	0	0	0	0	0	0	0	0
	qtde													0	0	0	0
	R$ unit./Serv. C													0	0	0	0
	Total bruto R$	0	0	0	0	0	0	0	0	0	0	0	0	0	0	0	0
Total serviço A		0	0	0	0	0	0	0	0	0	0	0	0	0	0	0	0
R$ unit./Serviço A		0	0	0	0	0	0	0	0	0	0	0	0	0	0	0	0
Total Bruto R$		0	0	0	0	0	0	0	0	0	0	0	0	0	0	0	0
Total serviço B		0	0	0	0	0	0	0	0	0	0	0	0	0	0	0	0
R$ unit./Serviço B		0	0	0	0	0	0	0	0	0	0	0	0	0	0	0	0
Total Bruto R$		0	0	0	0	0	0	0	0	0	0	0	0	0	0	0	0
Total serviço C		0	0	0	0	0	0	0	0	0	0	0	0	0	0	0	0
R$ unit./Serviço C		0	0	0	0	0	0	0	0	0	0	0	0	0	0	0	0
Total Bruto R$		0	0	0	0	0	0	0	0	0	0	0	0	0	0	0	0
Total Bruto R$ dos Serviços		0	0	0	0	0	0	0	0	0	0	0	0	0	0	0	0
(-) ISS		0	0	0	0	0	0	0	0	0	0	0	0	0	0	0	0
(-) PIS/Cofins		0	0	0	0	0	0	0	0	0	0	0	0	0	0	0	0
Total Líquido R$		**0**	**0**	**0**	**0**	**0**	**0**	**0**	**0**	**0**	**0**	**0**	**0**	**0**	**0**	**0**	**0**
Disso:																	
Cliente A		0	0	0	0	0	0	0	0	0	0	0	0	0	0	0	0
Cliente B		0	0	0	0	0	0	0	0	0	0	0	0	0	0	0	0

Ações para atingir os valores orçados					
Ação	Descrição da ação	Responsável	Prazo	Resultado esperado	Acompanhamento (PDCA)
1	......				
2	......				
3	......				

9 REFERÊNCIA BIBLIOGRÁFICA

BORNIA, Antônio Cezar. **Análise Gerencial de Custos**: Aplicação em Empresas Modernas. 3ª. ed. São Paulo: Atlas, 2010.

BRASIL. Lei nº 11.638 de 28 de dezembro de 2007. **Diário Oficial [da] República Federativa do Brasil**, Poder Executivo, Brasília, DF, de 28.12. 2007 – Edição Extra.

CPC – **Comitê de Pronunciamentos Contábeis**. Disponível em: < http://www.cpc.org.br/index.php>. Acesso em: 10 jul. 2012.

KAPLAN, Robert S.; Norton, David P.. **Mapas Estratégicos**: Balanced Scorecard – Convertendo Ativos Intangíveis em Resultados. 3ª. ed. São Paulo: Elsevier, 2004.

PEREZ Jr., José Hernandez; OLIVEIRA, Luis Martins de; COSTA, Rogério Guedes. **Gestão Estratégica de Custos**. 2ª. ed. São Paulo: Atlas, 2001.

Portal de Contabilidade – Normas Brasileiras de contabilidade NBC T1 – Estrutura conceitual para a elaboração e apresentação das demonstrações contábeis (Conforme anexo da Resolução CFC 1.121/2008). Disponível em: < http://www.portaldecontabilidade.com.br/nbc/t1.htm>

WOMACK, James P.; Jones, Daniel T.. **A Mentalidade Enxuta nas Empresas**: Elimine o Desperdício e Crie Riqueza. 8ª. ed. São Paulo: Campos, 1998.

ABREVIATURAS E SIGLAS

ABC   Activity-based Costing (em português: Custo baseado em atividades)

Cofins   Contribuição para o financiamento da seguridade social

CPC   Comitê dos Pronunciamentos Contábeis

CPV   Custo dos Produtos Vendidos

CSLL   Contribuição Social sobre Lucro Líquido

CSP   Custo dos Serviços Prestados

CVM   Comissão de Valores Mobiliários

DRE   Demonstrativo de Resultado do Exercício

EBIT   Ernings Before Interest and Tax (em português: Lucro antes dos juros e impostos; ou Resultado Operacional)

EBITDA Ernings Before Interest, Tax, Depreciation and Amortization (em português: Lucro antes dos juros, impostos, depreciação e amortização)

ERP   Enterprice Resource Planning (em português: Sistema Integrado de Gestão Empresarial)

FGTS   Fundo de Garantia por Tempo de Serviço

IFRS   International Financial Reporting Standards (em português: Normas Internacionais de Contabilidade)

IR   Imposto de Renda

ISS   Imposto Sobre Serviços

ISSQN   Imposto Sobre Serviços de Qualquer Natureza

KPI   Key   Performance   Indicators   (em   português:
Indicadores Chave de Desempenho)

Pasep   Programa de formação do patrimônio do Servidor
Público

PDCA   Plan Do Check Act (em português: Planejar Fazer
Verificar e Agir)

PIS   Programa de Integração Social

RH   Recursos Humanos

RKW   Reichskuratorium   für   Wirtschaftlichkeit   (em
português: custos diretos e indiretos por centro de custo)

S.A.   Sociedade Anônima

SKR   Standardkostenrechnung   (em   português: custo
planejado por produtos)

SWOT   Strengths Weaknesses Opportunities Threats (em
português: Forças Fraquezas Oportunidades Ameaças)

TIR   Taxa de Retorno de Investimento